Ines Omri

Création du serveur windows 2003 server

Ines Omri

Création du serveur windows 2003 server

et mise en place d'un firwall ISA server 2004

Éditions universitaires européennes

Impressum / Mentions légales

Bibliografische Information der Deutschen Nationalbibliothek: Die Deutsche Nationalbibliothek verzeichnet diese Publikation in der Deutschen Nationalbibliografie; detaillierte bibliografische Daten sind im Internet über http://dnb.d-nb.de abrufbar.
Alle in diesem Buch genannten Marken und Produktnamen unterliegen warenzeichen-, marken- oder patentrechtlichem Schutz bzw. sind Warenzeichen oder eingetragene Warenzeichen der jeweiligen Inhaber. Die Wiedergabe von Marken, Produktnamen, Gebrauchsnamen, Handelsnamen, Warenbezeichnungen u.s.w. in diesem Werk berechtigt auch ohne besondere Kennzeichnung nicht zu der Annahme, dass solche Namen im Sinne der Warenzeichen- und Markenschutzgesetzgebung als frei zu betrachten wären und daher von jedermann benutzt werden dürften.

Information bibliographique publiée par la Deutsche Nationalbibliothek: La Deutsche Nationalbibliothek inscrit cette publication à la Deutsche Nationalbibliografie; des données bibliographiques détaillées sont disponibles sur internet à l'adresse http://dnb.d-nb.de.
Toutes marques et noms de produits mentionnés dans ce livre demeurent sous la protection des marques, des marques déposées et des brevets, et sont des marques ou des marques déposées de leurs détenteurs respectifs. L'utilisation des marques, noms de produits, noms communs, noms commerciaux, descriptions de produits, etc, même sans qu'ils soient mentionnés de façon particulière dans ce livre ne signifie en aucune façon que ces noms peuvent être utilisés sans restriction à l'égard de la législation pour la protection des marques et des marques déposées et pourraient donc être utilisés par quiconque.

Coverbild / Photo de couverture: www.ingimage.com

Verlag / Editeur:
Éditions universitaires européennes
ist ein Imprint der / est une marque déposée de
OmniScriptum GmbH & Co. KG
Heinrich-Böcking-Str. 6-8, 66121 Saarbrücken, Deutschland / Allemagne
Email: info@editions-ue.com

Herstellung: siehe letzte Seite /
Impression: voir la dernière page
ISBN: 978-3-8417-4707-5

Sommaire

Introduction générale

Tout administrateur doit inspirer l'intérêt de l'état de son réseau, savoir ce qui lui manque, ce qui optimise son fonctionnement et assister fréquemment à sa surveillance. En conséquence, le travail de l'administrateur tend à être dupliqué. En vue de l'alléger, ce responsable doit jouir de la lucidité pour bien s'inspirer des solutions aux problèmes rencontrés.

C'est dans ce cadre que la société MIS nous émis afin de réaliser un domaine sécurisé basé sur la Notion de SERVEUR /CLIENT. Cette notion peut résoudre efficacement les problèmes qui endommagent quotidiennement notre environnement, tel que l'encombrement au niveau du réseau suite à un manque de surveillance de l'administrateur ainsi que les attaques et les intrus externes, tout en utilisant des services offert aux clients comme les services de messagerie **SMTP,POP3** et les services web **IIS 6.0**.

Pour renforcer la sécurité de domaine et satisfait les besoins de l'administrateur, nous allons mettre en place l'outil **Microsoft Internet Security & Acceleration Server 2004 (ISA) Server 2004** qui est la solution avancée de pare-feu applicatif, réseau privé virtuel (VPN) et cache Web, qui permet d'optimiser les investissements informatiques existants.

Chapitre I : Etat de l'Art

1. Présentation de l'entreprise

Le Filiale du **Groupe Loukil**, l'un des plus grands opérateurs sur le marché Tunisien dans le domaine des nouvelles technologies, de l'Industrie et de l'agriculture avec 1400 employés, la Société **MIS** a été créée en 1992 dans le cadre de la politique et l'encouragement de l'Etat pour l'encadrement informatique et le développement des nouvelles Technologies de l'Information.

La société **MIS** est une des rares entreprises Tunisiennes à être agréée TR3. Ce niveau d'agrément permet d'assurer l'installation et la maintenance des équipements de réception de la télévision par satellite, des terminaux téléphoniques mobiles et émetteurs-récepteurs radioélectriques.

Dans le but d'assurer au mieux la bonne exécution des projets dont elle est chargée, la Société **MIS** a sélectionné des fournisseurs de renommée mondiale. Ce type de représentation a permis d'avoir comme facteur primaire la qualité des produits distribués.

La Société **MIS** dispose de 8 ingénieurs de hauts niveaux et de 20 Ingénieurs Techniciens qualifiés et certifiés par les plus grands constructeurs mondiaux. Une équipe composée d'une dizaine de techniciens est mise en place pour les préparatifs à l'exécution des marchés.

Dans sa vision d'être leader sur le marché Tunisien la Société **MIS** a créé un centre de compétences multi domaines pour réussir tout type d'intégration possible dans le domaine des technologies de l'information. Pour aboutir à cela et avant d'entamer ses projets, la société **MIS** a développé sa stratégie en collaboration avec les grands éditeurs internationaux à savoir.

- **Fujitsu-Siemens** : La Société MIS est certifiée sur les Serveurs Intel (Primergy), Serveurs RISC (Prime Power SPARC), Matrices de Stockage et de Backup et les Micro Ordinateurs (toute la gamme).

- **Acer** : Aussi Encore La société M.I.S est certifiée aussi pour la marque Acer pour les PC et Portables.

- **Tally** : Dans le domaine de l'impression haut débits.

- **Samsung** : Dans le domaine des solutions d'impression laser.

- **Hitachi** : Dans le domaine des Vidéo projecteurs et les écrans interactifs.

- **Merlin Gerin** pour les onduleurs à haute performance

- **Microsoft** : MIS est Microsoft Certified Partner (MCSP) pour toutes solutions d'intégration des réseaux basés sur la technologie Microsoft

- **Linux** : 2 ingénieurs Certifiés logiciels libres dans le domaine des technologies basées sur la formation et le développement de ce produit avec le monde Internet Intranets

- **Solaris** : numéro 1 Mondial dans le monde Unix fort de sa base de plus de 14000 éditeurs de logiciels internationaux. Deux Ingénieurs Certifiés Administration (1er et 2ème Niveau), un certifié Solaris exploitation.

- **Oracle** : Partenaire Oradist avec une convention conjointe de support et un Ingénieur MIS maîtrisant le Système de Gestion des Bases de Données.

- **3Com** : Leader mondial dans les Produits de communication, Réseaux actifs et Wireless : 2 Ingénieurs Certifiés sur toute la gamme ainsi que les logiciels d'administration réseaux.

- **Multimédia Connecté** : l'un des plus grands Groupe de fabrication de produits passifs réseaux : 6 Ingénieurs Technicien formés certifiés dont aussi une certification et agrément d'installateur fibre toutes catégories

- **CISCO**: Un ingénieur certifié.

1.1. Fourniture Matériel

Poste de travail

- Serveurs, Micro Ordinateurs Professionnels et Portables basés sur une Offre Complète de Fujitsu Siemens et Acer.
- Les serveurs haut de gamme Microsoft et Linux (Primergy), tous les serveurs haut de gamme SPARC Solaris (Prime Power), toute la gamme de Micro Ordinateurs professionnels (SCENIC) et MICRO-ORDINATEURS Potables (Life book).

Impression :

Une gamme Samsung et Tally Genicom de l'impression laser aux imprimantes lignes   Haut débits.

Réseaux et Communication :

Une gamme composée d'un nombre important de Switch professionnels, des routeurs ainsi que les outils d'administration et les réseaux Wireless.

Câblage :

Multimédia Connect, tous les produits nécessaires pour le câblage passif (Armoires, Câbles, prise, Fibre,...).

1.2. Fourniture de Service

- Commercial : Une connaissance approfondie de l'activité et de l'environnement du Client, Une assistance constante et des réponses claires, Des démonstrations et des maquettes pour toute demande de solutions de pointe. Des argumentations et propositions ajustées aux besoins des clients.
- Logistique : des livraisons et installations dans les délais.
- Ingénieries : Des formations et des assistantes adaptées aux besoins.
- Service après Vente : une équipe de 8 techniciens présents et à l'écoute des clients ; des interventions rapides et une hotline en cas de problème urgent.
- Conseil : Des professionnels à l'écoute technologique formés pour informer et aider à faire évoluer les anciens systèmes des clients.

2. L'environnement de travail

Notre travail au sein de la société MIS se limite à la frontière des deux services logistique et technique qui sont distant du siège administrative se qui essouffle les efforts humain et limite la performance attendue, notre travail est orienté vers la résolution de ses anomalies sans omettre la sécurisation des ressources critiques des deux services.

2.1. Service logistique

C'est un service dirigé par un chef de service avec un groupe de travail composé de 4 employés chacun est disposé sur une machine, ce service essai de satisfait le client avec une installation fiable ainsi que la maintenance des ressources logique et la gestion des machines.

2.2. Service technique

Le service principal de cette fraction est la maintenance des machines avant et après vente.

Ce service ne se limite pas à ce niveau, il fournit aussi des softwares adaptables aux exigences des clients.

3. Objectifs du projet

Notre objectif c'était de faciliter la communication entre le service logistique et le service technique en créant un réseau local basé sur la notion de **SERVEUR /CLIENT**, dont le serveur est installé sur une machine acer 160G HDD, 1G DDR2, dual-core processor T2370, lorsque les autres machines représentent les clients de ce dernier avec les mêmes propriétés sauf que leur système d'exploitation est le XP professionnel.

Tandis ce que plusieurs systèmes d'exploitation de serveur sont disponibles sur le marché, nous fixons notre choix sur le Windows 2003 server qui est un système stable par rapport à Windows 2008 server et évolué avec des services développés à celle de Windows 2000 server.

Parlant d'un réseau local dans une entreprise nous oblige à le sécuriser, alors pour la sécurisation de ce réseau nous choisissons parmi les plus récent solutions de sécurité un firewall applicatif l'**ISA Server 2004** qui va protéger ce réseau en appliquant un ensemble des règles d'accès et une surveillance de circulation des informations au niveau de réseau.

Chapitre II :   Création d'un serveur de domaine

Introduction

Avec le développement des réseaux informatiques, les services offerts se multiplient de plus en plus. Avant d'accéder à un service, il est demandé aux utilisateurs de s'authentifier possédant chacun ses propres données et ses propres paramètres.

Pour créer cet environnement sécurisé nous avons besoin d'un outil de stockage et d'administration résumé en un annuaire, en effet, annuaire permet de centraliser les informations des utilisateurs, des services, etc. Pour simplifier l'administration, chaque utilisateur disposera d'une entrée dans l'annuaire dans laquelle seront conservées toutes les données qui le concernent. Alors, les services demandés n'auront plus qu'à consulter cet annuaire pour fournir à l'utilisateur les données qu'il attend.

Dans ce chapitre, nous allons présenter puis configurer ces services qui, par l'intermédiaire du contrôleur de domaine, offrent des consoles qui permettent à l'administrateur de gérer ses utilisateurs, ses bases de données etc.

1.   Active Directory

1.1.   Rôle d'un contrôleur de domaine

Un contrôleur de domaine permet aux administrateurs de gérer des postes de travail distribués, des services réseaux et des applications à partir d'un emplacement central tout en utilisant une interface de gestion homogène. Egalement il fournit un contrôle d'accès centralisé aux ressources en ouvrant une seule session.

Pour fournir le service d'annuaire Active Directory aux utilisateurs et aux ordinateurs du réseau, nous le configurons en tant que contrôleur de domaine.

La structure logique d'active Directory est souple et offre une méthode pour concevoir une hiérarchie au sein d'Active directory, compréhensible aussi bien par les utilisateurs que par l'administrateur, Les composants logiques de la structure d'Active Directory sont les suivants :

- Les domaines.
- Les unités d'organisation.
- Les arborescences et les forêts.
- Le catalogue global.

Il est important de comprendre le rôle et la fonction des composants logiques de la structure d'Active Directory pour réaliser différentes taches telles que l'installation, la configuration et le dépannage d'Active Directory.

➢ **Domaine**

Il s'agit de l'unité fondamentale de la structure logique d'Active Directory. Un domaine est un ensemble d'ordinateurs défini par un administrateur qui partagent une même base de données d'annuaire il a un nom unique et permet d'accéder aux comptes d'utilisateur et de groupe centralisés maintenues par l'administrateur de domaine.

- **Un domaine est une limite de sécurité :**
  L'administrateur d'un domaine ne peut administrer que son domaine, à moins qu'il ne soit habilité à intervenir dans d'autres domaines.
- **Un domaine est une unité de duplication :**

Les contrôleurs d'un domaine participent à la duplication et contiennent une copie intégrale des informations de l'annuaire pour leur domaine.

> **Unités d'organisation**

Une unité d'organisation est un objet conteneur utilisé pour organiser les objets d'un domaine elle contient des objets tels que des comptes d'utilisateurs, des imprimantes, ainsi que d'autres unités d'organisation.

Les unités d'organisation regroupent des objets en une **hiérarchie logique** répondant à nos besoins. Par exemple, on a crée une unité d'organisation pour le service logistique et une autre pour le service technique.

> **Arborescences**

Une arborescence est une organisation hiérarchique de domaines Windows server 2003 partageant un espace de noms contigu. Lorsque on ajoute un domaine à une arborescence, le nouveau domaine est un domaine enfant d'un domaine parent existant. Le nom d'un domaine enfant est combiné au nom de son domaine parent pour former son nom DNS.

> **Forêt**

Une forêt comprend une ou plusieurs arborescences. Les arborescences de domaine à l'intérieur d'une forêt ne forment pas un espace de nom contigu. En revanche, les arborescences d'une forêt partagent un schéma et un catalogue global communs. Une arborescence unique, qui n'est associée à aucune autre arborescence, forme une forêt d'une seule arborescence. Ainsi, chaque domaine racine d'une arborescence a une relation d'approbation transitive avec le domaine racine de la forêt. Le nom du domaine racine de la forêt est utilisé pour désigner une forêt donnée.

1.2. Installation et configuration d'un Contrôleur de domaine

Pour que notre ordinateur deviendra le contrôleur de domaine principal (PDC-Primary Domain Controller) de la forêt. Nous avons effectué l'installation du service d'annuaire Active Directory. Nous exécutons la commande **dcpromo** puis L'assistant d'installation d'Active Directory est lancé.

Dans la page Type de contrôleur de domaine, l'assistant nous fourni plus qu'une option

Parmi ses options nous sélectionnons le type **Contrôleur de domaine pour un nouveau domaine** pour que le serveur devienne le premier contrôleur de domaine dans notre nouveau domaine. Puis dans la page Créer un nouveau domaine, nous vérifions que l'option **Domaine dans une nouvelle forêt** est sélectionnée, pour nommer à la suite notre domaine dans la zone nom DNS complet: **SECURITY.ISA** et nous le confirmons avec le nom NetBIOS.

Au cours de l'installation, l'assistant défile les pages Dossier de la base de données et du journal, Volume système partagé et Diagnostics des inscriptions DNS et leur emplacement :

- D:\WINDOWS\NTDS c'est l'emplacement dans le quelle est stockée les dossiers de la base de données et du journal.
- D:\WINDOWS\SYSVOL :c'est l'emplacement dans le quelle est enregistré le dossier **sysvol** qui stocke la copie pour le serveur des fichiers publics du domaine .la liste du contenu du dossier **sysvol** est répliqué vers tous les contrôleurs de domaine dans SECURITY.ISA.

L'assistant peut installer et configurer un serveur DNS intégré dans l'Active Directory afin d'utiliser ce serveur comme serveur DNS de préférence .Par conséquence nous validons cette option qui accepte notre besoin de fournir un serveur DNS qui joue aussi le rôle de contrôleur de domaine et il est possible de stocker les zones principales et les zones de stub dans le service **d'annuaire Active Directory**. Cette solution apporte des avantages en termes de performance et de sécurité que nous allons citer ultérieurement au niveau de configuration du serveur DNS.

Pour atteindre un niveau de sécurité nous pouvons attribuer un mot de passe de mode restauration des services annuaire.

En fin un résumé sur l'installation qui détaille tout les choix validés sur notre domaine SECURITY.ISA apparaitre.

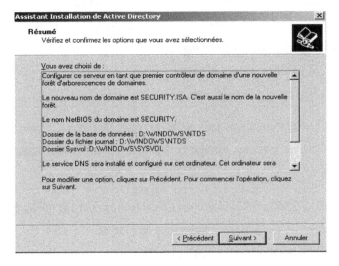

Figure II.1Résumé d'installation d'un Active Directory.

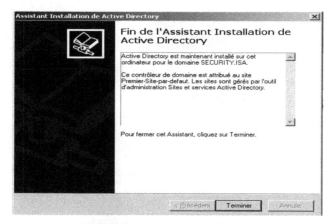

Figure II.2Fin de l'installation.

1.3. Configuration d'un Active Directory

1.3.1. Création des unités d'organisation

Afin que SECURITY.ISA devienne une image d'organisation pour l'administrateur
et un

contrôleur de domaine qui couvre tous les sites à contrôlés, nous créons des unités
d'organisations selon les services, les utilisateurs et les postes.

Figure II.3Architecture interne de service logistique et service technique

➤ **Objet Utilisateur**

L'administrateur peut créer des comptes utilisateur à partir de la console **Utilisateurs   et ordinateurs Active Directory** s'il suive les étapes suivantes : clic droit sur l'unité dans la quelle l'utilisateur soit intégré.

- Dans les choix de **Nouveau, l'administrateur** doit sélectionner **Utilisateur.**
- Maintenant la fenêtre **Nouvel objet-Utilisateur** apparaitre avec des champs à remplir, il est très important de bien rédige les coordonnées de l'utilisateur puis de taper un **mot de passe** fort répond aux exigences de sécurité.

Figure II.4Les étapes de création d'un utilisateur.

Comme il est facile de créer des utilisateurs, l'administrateur peut suivre les mêmes étapes pour créer et intégrer n'importe quel type d'objet.

Dans le but de répondre aux exigences de notre organisation, nous implémentons une hiérarchie de domaine comme le montre le schéma final Figure II.5.

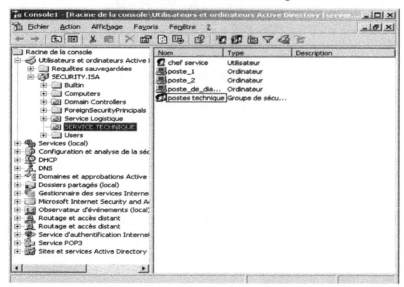

Figure II.6 Hiérarchie final de domaine SECURITY.ISA

1.4. Sécurisation d'un Active Directory

1.4.1. Sécurité physique

L'utilitaire de clé système (Syskey) procure une ligne de défense supplémentaire contre les logiciels de décodage de mot de passe. Il utilise des techniques de cryptage renforcé pour sécuriser les informations sur les mots de passe stockées dans la base de données SAM ,Gestionnaire de comptes de sécurité (SAM, Security Accounts Manager) ou dans les services d'annuaire. Le décodage de mots de passe cryptés est plus difficile et prend plus de temps que le décodage de mots de passe non cryptés.

Pour créer ou mettre à jour une clé système :

1. Un clic sur **Démarrer** puis sur **Exécuter**, nous permettons de taper **syskey**, puis le valider avec **OK**.
2. Nous choisissons **Cryptage activé**, puis **Mettre à jour**.
3. Nous validons les options souhaitées.

Figure II.7La mise en place d'une clé de démarrage

> **Créer un plan d'audit avant de mettre en place la stratégie d'audit :**

A ce stade de projet nous sommes intéressés par la détection d'intrusions, à savoir, le suivi des tentatives d'accès de la part d'utilisateurs à des zones pour lesquelles ils ne possèdent pas d'autorisation, nous procédons à des audits d'échecs comme une solution.

Toutefois l'activation d'audits d'échecs peut constituer un risque pour notre organisation. En effet, si des utilisateurs tentent d'accéder à une ressource pour laquelle ils ne possèdent pas d'autorisation, ils peuvent créer un nombre tellement important d'audits d'échec que le journal de sécurité sature, ce qui a pour conséquence d'empêcher l'ordinateur de recevoir d'autres audits. Si le paramètre de stratégie **Audit : arrêter immédiatement le système s'il n'est pas possible de se connecter aux audits de sécurité** est activé, les utilisateurs peuvent lancer une attaque de refus de service par le biais de stratégie d'audit. Donc nous désactivons ce paramètre s'il est activé.

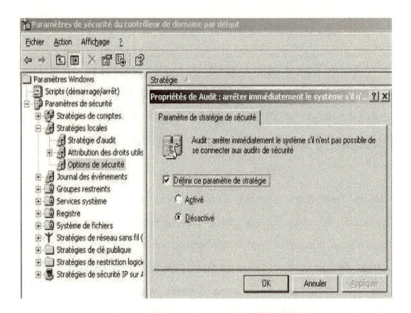

Figure II.8Paramètre de sécurité du contrôleur de domaine

Parce que Les événements d'audit occupent beaucoup d'espace sur les ordinateurs et prennent du temps, autant pour l'administrateur que pour les autres personnes de l'organisation. Par conséquent, nous décidons de désactiver les audits des événements qui ne nous intéressent pas vraiment.

➢ **Regrouper et archiver les journaux de sécurité de l'organisation**

Une trace d'audit peut contenir des informations liées aux modifications apportées au serveur ou à d'autres ordinateurs sur le réseau. Si les intrus obtiennent des droits et autorisations d'administrateur ou si des administrateurs abusent de leurs droits et autorisations, ils peuvent effacer le journal de sécurité et ne laisser ainsi aucune trace de leurs méfaits.

Notre proposition de solution et de faire appel à un outil qui regroupe et enregistre régulièrement les entrées du journal de sécurité de notre société, nous serons plus à même de reconstituer les actions d'éventuels intrus ou administrateurs, même si ceux-ci effacent le journal de sécurité local cette outil est Microsoft Operations Manager que nous allons configurer ultérieurement.

> **Auditer les événements de succès de la catégorie d'événements :**

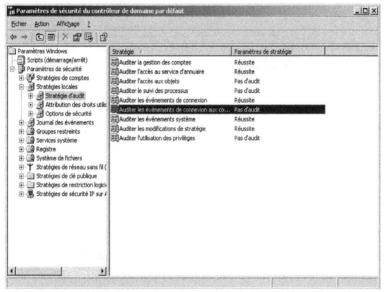

Figure II.9Les paramètres de sécurité du SECURITY.ISA.

Selon le choix de l'administrateur de réseaux nous acceptons les audits des évènements par quatre paramètres de stratégie : Réussite, Echecs, pas d'audit, Réussite et échecs.

> **Le journal des évènements: une solution de surveillance :**

Il est important que la taille du journal de sécurité soit configurée correctement, en fonction du nombre d'événements que nos paramètres de stratégie d'audit créent.

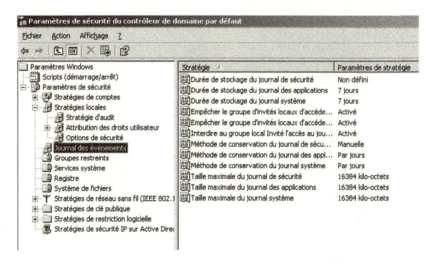

Figure II.10 Paramètres de sécurité du SECURITY.ISA: journal des évènements.

2.   Serveur DNS

Après que nous terminons la configuration d'un contrôleur de domaine et pour que le domaine crée prend sa valeur dans l'environnement pratique de l'organisation, nous passons à configurer le serveur DNS (Domain Name System).

Dans ce stade, nous concentrons notre travail sur l'installation puis la configuration du serveur DNS afin d'assurer son sécurisation.

2.1.   Rôle d'un serveur DNS

Le serveur DNS est basé sur le protocole de résolution de noms pour les réseaux TCP/IP, comme Internet, ce serveur DNS héberge les informations qui permettent aux ordinateurs clients de résoudre des noms DNS alphanumériques et explicites en adresses IP utilisées par les ordinateurs pour communiquer entre eux.

Contrairement aux zones DNS classiques qui stockent les enregistrements de ressources dans des fichiers, **les zones DNS intégrées à Active Directory stockent les enregistrements de ressources directement dans le service d'annuaire** Active Directory. Seules **les zones primaires et les zones de stub peuvent être intégrées à Active Directory.** De plus, **seuls les contrôleurs de domaine** jouant aussi le rôle de serveur DNS peuvent héberger des zones intégrées à Active Directory.

- ✓ Les zones DNS intégrées à Active Directory sont intéressantes puisqu'elles permettent de **renforcer la sécurité du processus de résolution de noms** de diverses manières.

- ✓ Les zones intégrées à Active Directory peuvent être dupliquées sur tous les contrôleurs de domaine. Cela permet d'assurer **la tolérance de panne**, puisque si un contrôleur de domaine connaît une défaillance, alors la résolution de noms sera toujours assurée.

- ✓ les zones intégrées à Active Directory permettent de **sécuriser les mises à jour automatiques des ordinateurs clients** (seuls les ordinateurs clients équipés de Windows 2000/XP/2003 peuvent faire des mises à jour automatiques).

2.2. Installation du serveur DNS intégrer à Active Directory

Avant de commencer l'installation, il est nécessaire de configurer les propriétés TCP/IP :

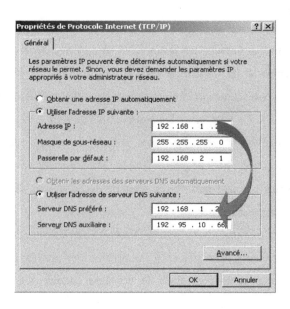

Figure II.11Configuration des propriétés de protocole TCP/IP

Lors de la planification de l'installation du serveur DNS nous avons besoin de vérifier si les ressources matérielles de notre machine sont suffisantes : le service DNS utilise environ 4Mo de mémoire vive pour s'exécuter et chaque enregistrement de ressource ajoutée au serveur utilise 100 octets.

Pour commencer l'installation de notre serveur nous avons deux différentes méthodes possibles :

> ➤ **Assistant Configurer votre serveur**.

> ➤ **panneau de configuration→Ajout/Suppression de programmes →Ajouter ou Supprimer des Composants Windows→Services de mise en réseau→Système DNS (Domain Name System).**

> ➤

2.3. Configuration du serveur DNS

Une fois le service DNS installé, nous le configurons grâce à une console dédiée accessible dans **panneau de configuration / outils d'administration** ou bien en tapant **dnsmgmt.msc** dans la boite de dialogue **exécuter**.

- ✓ **Configurer une zone DNS intégrée à Active Directory :** Pour créer une zone intégrée à Active Directory, il suffit de côcher la case nommé **Enregistrer la zone dans Active Directory** lors de la création d'une zone.
- ✓ Il est également possible de convertir une zone DNS standard en zone DNS intégrée à Active Directory. Pour cela, il suffit de faire **clic droit / propriétés** sur la zone DNS à convertir dans la console **MMC DNS**. ensuite nous cliquons sur le bouton **Modifier** pour changer le type de la zone. Ensuite nous sélectionnons la case **Enregistrer la zone dans Active Directory**.

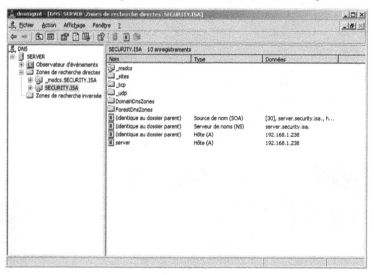

Figure II.12La console de serveur DNS intégrée à SECURITY.ISA

2.4. Administration et sécurisation du serveur

Il existe divers outils en ligne de commande permettant de vérifier le bon fonctionnement de la résolution de noms.

> ## La commande nslookup :

Nslookup permet de tester la résolution des noms d'hôtes en adresses IP et inversement. Lorsque l'on tape **nslookup** en mode texte, une invite de commande apparaît. En outre le nom d'hôte et l'adresse IP du serveur DNS par défaut sont affichés. Lorsque l'on tape un nom d'hôte ou un FQDN, **nslookup** renvoie l'adresse IP correspondante et indique éventuellement si la réponse fait ou non autorité sur le domaine.

> ## La commande dnscmd :

Dnscmd est un utilitaire permettant d'**administrer votre serveur DNS** sans passer par la console MMC. Vous pouvez ainsi réaliser diverses tâches allant de la création d'un enregistrement à la suppression d'une zone. Cela peut s'avérer utile pour créer des scripts automatisant certaines tâches (par exemple la création d'enregistrements A et PTR).Nous pouvons par exemple utiliser **dnscmd** pour ajouter ou supprimer une zone DNS. Voici la syntaxe à respecter pour l'ajout d'une zone DNS principale :

dnscmd<serveur_DNS>/ZoneAdd<nom_de_zone>/Primary/File<nom_du_fichier_de_zone>.

```
Microsoft Windows [version 5.2.3790]
(C) Copyright 1985-2003 Microsoft Corp.

D:\Documents and Settings\Administrateur.SERVER>dnscmd SERVER /info
Query result:
Server info
        server name            = server.SECURITY.ISA
        version                = 0ECE0205 (5.2 build 3790)
        DS container           = cn=MicrosoftDNS,cn=System,DC=SECURITY,DC=ISA
        forest name            = SECURITY.ISA
        domain name            = SECURITY.ISA
        builtin domain partition = ForestDnsZones.SECURITY.ISA
        builtin forest partition = DomainDnsZones.SECURITY.ISA
```

Figure II.13Administration d'un serveur DNS au sein de SECURITY.ISA

> **La commande DNSlint :**

DNSlint est un outil qui permet de **diagnostiquer les problèmes liés à la résolution de noms d'hôtes**. Il permet par exemple de vérifier les enregistrements de ressources utilisés spécifiquement pour la réplication Active Directory. **DNSlint** est disponible avec les outils de support sur le CD-ROM de Windows 2003 Server.

L'avantage de **dnslint.exe** est qu'il permet de **générer des rapports au format HTML** sur l'implémentation du système DNS à l'intérieur d'une forêt Active Directory. Le rapport crée liste entre autre, l'ensemble de serveurs DNS de la forêt ainsi qu'un grand nombre d'informations les concernant. La syntaxe à utiliser pour créer un rapport est :

dnslint   /ad   <adresse_IP_contrôleur_de_domaine>   /s <adresse_IP_serveur_DNS>.

3. Serveur DHCP

Une fois le Serveur DNS est configuré correctement, La famille Microsoft Windows Server 2003 nous fournit le service DHCP (Dynamic Host Configuration Protocol) dans le but de faciliter l'administration des configurations d'adresses en utilisant notre serveur SERVER pour centraliser la gestion des adresses IP et des autres éléments de configuration IP utilisés sur le réseau.

3.1. Rôle d'un serveur DHCP

La configuration d'un serveur DHCP pour un réseau présente les avantages suivants :

- ✓ L'administrateur peut allouer et spécifier à un niveau central des paramètres TCP/IP globaux et spécifiques à un sous-réseau pour l'ensemble du réseau.
- ✓ Les ordinateurs clients ne requièrent pas de configuration manuelle de TCP/IP.
- ✓ Lorsqu'un ordinateur client se déplace entre les sous-réseaux, son adresse IP est libérée pour réutilisation. Le client reconfigure automatiquement ses paramètres TCP/IP lorsque l'ordinateur redémarre à son nouvel emplacement.

✓ La plupart des routeurs étant capables de transférer des demandes de configuration DHCP, vous n'avez pas besoin d'avoir un serveur DHCP sur chaque sous-réseau du réseau.

Afin que le serveur DHCP se fonctionne normalement dans le réseau il est conseillé de configurer une étendue qui désigne la plage consécutive complète des adresses IP probables de notre réseau. Les étendues désignent généralement un sous-réseau physique unique d'un réseau auquel sont offerts les services DHCP.

➢ **Les étendues** constituent également pour le serveur le principal moyen de gérer la distribution et l'attribution d'adresses IP et de tout autre paramètre de configuration associé aux clients du réseau.

Les propriétés d'une étendue sont les suivantes :

- Identificateur de réseau
- Masque de sous réseau
- Plage d'adresses IP de réseau
- Durée du bail
- Routeur (passerelle)
- Nom de l'étendue
- Plage d'exclusion

La durée du bail spécifie la durée pendant laquelle un client peu utiliser une adresse IP de l'étendue. Pour les réseaux stables la durée du bail peut être longue, alors que pour les réseaux mobiles constitués de nombreux ordinateurs portables des durées courtes de bail son utiles.

3.2. Installation d'un serveur DHCP

Dans le **Panneau de Configuration,** L'assistant **Ajouter ou Supprimer des composants Windows** nous offre une installation plus facile à exploiter avec des options à cocher. Nous sommes intéressés par l'option **Services de mise en réseau** alors un double clic sur ce dernier permet de nous mener à une liste d'options comme le montre la figure II.9 .Nous cochons la case **Protocole DHCP (Dynamic Host Configuration Protocol)**.

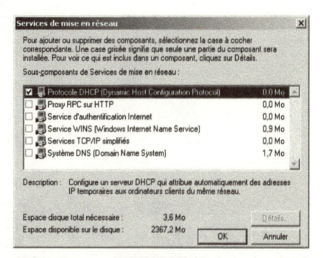

Figure II.14l'installation d'un serveur DHCP à l'aide de services de mise en réseau.

3.3. Configuration du serveur DHCP

La configuration du serveur DHCP nécessite en premier lieu une création des étendues selon le besoin de l'administrateur et l'architecture du réseau. En effet dans notre organisation l'administrateur ne besoin que d'une seul étendue (192.168.1.1 ->192.168.2.254).

Ces adresses vont être par la suite attribuées aux clients, elles doivent être valides et ne doivent pas être déjà utilisées.

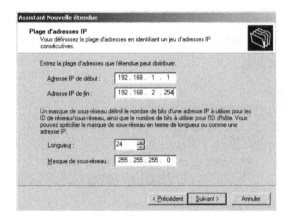

Figure II.15Assistant Nouvelle étendue : ETENDUE.

Nous spécifions ensuite la durée du bail DHCP.

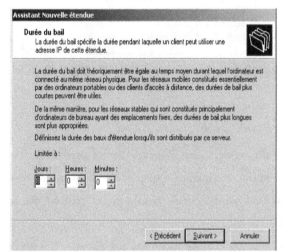

Figure II.16Assistant Nouvelle étendue: Durée du bail.

Pour inclure ce serveur DHCP dans la liste de serveur DNS affecté aux clients DHCP. Nous tapons le **nom du serveur** puis nous cliquons sur **Résoudre->Ajouter->Suivant.**

➢ **Réservation d'une adresse spécifique à un client :**

Pour répondre au besoin des chefs de services (logistique, technique) nous réservons deux adresses IP spécifiques. La réservation se fait en fonction de l'adresse MAC du poste de chef selon les étapes suivant:

- Nous sélectionnons sur l'étendue dont nous souhaitons réserver une adresse.
- Nous cliquons ensuite avec le bouton droit sur **Réservations**, puis sur **Nouvelle Réservation**.

Figure II.17 Nouvelle réservation

- Nous saisissons le nom de la Réservation, l'adresse IP à réserver, puis de l'adresse MAC (codée sur 48 bits en Ethernet) et enfin un commentaire sur la réservation.

Figure II.18 Nouvelle réservation

> ➢ **Autorisation d'un serveur DHCP**

Pour éviter que des personnes puissent installer des serveurs DHCP, et par conséquent délivrer des baux IP rentrant en conflit avec d'autres serveurs DHCP, Nous définissons les serveurs autorisés dans Active Directory.

Pour autoriser un serveur DHCP, Nous cliquons avec le bouton droit sur **DHCP**, puis sur **Gérer les serveurs autorisés->Autoriser**, puis nous tapons l'adresse IP du serveur ou son nom.

Notre serveur DHCP est à présent configuré.

4. SERVEUR RRAS

Le serveur RRAS (**R**outing and **R**emote **A**ccess **S**ervice) est une escale enveloppante pour la création de notre serveur de domaine SECURITY .ISA .Il permet à un client distant authentifié tel que l'administrateur de société MIS.

4.1. Rôle de serveur RRAS

Le service Routage et accès distant de la famille Microsoft Windows Server 2003 fournit :

- **Des services de routage** multi-protocoles LAN vers LAN, LAN vers WAN, ou utilisant les réseaux privés virtuels (VPN) ou la traduction des adresses réseau. Ce service permet de faire communiquer entre-eux des réseaux différents ou des sous-réseaux différents (routage).
- **Des services d'accès à distance** par liaison modem ou par réseau privé virtuel (VPN). Il permet à des clients situé dans une zone géographiquement éloignée de l'entreprise d'accéder au réseau interne de l'entreprise (accès à distance).

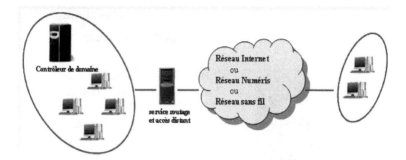

Figure II.19Emplacement d'un RRAS dans l'architecture réseau.

Comme le montre le schéma ci-dessus, divers types de réseau peuvent utilisés pour établir la connexion entre l'ordinateur client et le serveur d'accès distant. Les trois principaux sont :

- les connexions VPN (Virtual Private Network) qui utilisent un réseau public (le plus souvent Internet).
- les connexions d'accès à distance qui utilisent un Réseau Numérique à Intégration de Service (RNIS).
- les connexions sans fil (ou Wireless) qui utilisent des technologies basées sur la propagation d'ondes (infrarouge, Bluetooth, Wifi, Wi MAX,...).

En conséquence, plusieurs types de clients sont distinguables :

- les clients VPN
- les clients d'accès à distance
- les clients sans fil

4.2. Installation d'un serveur RRAS

Windows 2003 server propose une console d'installation de service de routage et d'accès à distant. Pour lancer cette console nous tapons **rrasmgmt.msc** dans la boite de dialogue **exécuter**. Ensuite nous activons le service par un clic droit sur le nom du serveur puis **Configurer et activer le routage et l'accès distant**.

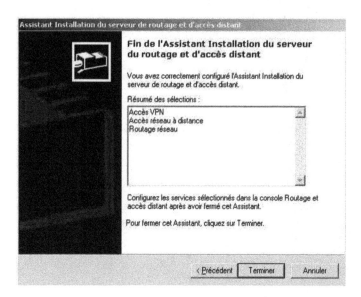

Figure II.20Assistant Installation du serveur de routage et d'accès distant

4.3. Configuration d'un serveur RRAS

4.3.1. Mettre en place une stratégie d'accès distant

Pour que le serveur d'accès distant puisse se connecter au contrôleur de domaine et effectuer ces actions, deux conditions doivent être remplies :

- ✓ le serveur d'accès distant doit être **membre du domaine**.
- ✓ le serveur d'accès distant doit être explicitement **autorisé** pour accéder aux informations contenues dans le service d'annuaire Active Directory (pour cela il faut utiliser la commande netsh).

Figure II.21Autorisation du serveur d'accès distant à l'aide de la commande netsh

L'assistant **Nouvelle stratégie d'accès distant** permet de créer rapidement des stratégies d'accès distant. En effet nous créons une Stratégie VPN du groupe dont la sécurisation est améliorée par un cryptage maximal et une authentification cryptée Microsoft version 2 MS-CHAPv2.

Figure II.22Assistant Stratégie de nouvel accès à distant

4.3.2. Sécurisation du serveur RRAS

Dans la fenêtre de propriétés de chaque stratégie, les conditions sélectionnées sont récapitulées dans une petite fenêtre. Le bouton **Ajouter** permet d'implémenter des conditions supplémentaires. Parmi les conditions configurées au sein de notre réseau VPN, nous citons la propriété des plages horaires autorisées pour l'accès à distance (DAY-AND-TIME-RESTRICTION).

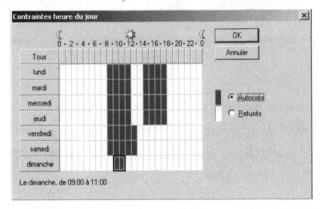

Figure II.23Les plages horaires autorisées pour Stratégie VPN

5.   Le Serveur IAS

5.1. Centralisation des clients d'accès distant

Le serveur IAS joue le rôle d'intermédiaire entre les serveurs d'accès distant et le contrôleur de domaine Ceci modifie donc les étapes lors de l'établissement d'une connexion d'accès à distance :

1. Un client contacte le serveur d'accès distant et lui envoie un identifiant avec un mot de passe pour tenter d'établir la connexion.

2. Le serveur d'accès distant (qui est un client RADIUS du point de vue du serveur IAS) envoie la demande d'authentification au serveur IAS en UDP via les ports 1812 et 1813.

3. Le serveur IAS exécute les phases d'authentification et d'autorisation auprès d'un contrôleur de domaine

4. Si l'utilisateur distant a correctement été identifié alors le serveur IAS compare les stratégies d'accès distant configurées avec la demande de connexion du client.

5. Si les paramètres de la demande de connexion concordent avec une stratégie d'accès distant alors le serveur IAS envoie un message au serveur d'accès distant qui fournit ensuite une adresse IP au client.

5.2. Installation d'un serveur IAS

Pour lancer l'installation du service IAS, Nous allons dans le **panneau de configuration**, puis nous sélectionnons **ajout/suppression de programmes,** ensuite un simple clic sur le bouton **Ajouter ou supprimer des composants de Windows** nous permet de cocher l'option **Service d'authentification Internet** parmi les options de services de mise en réseau.

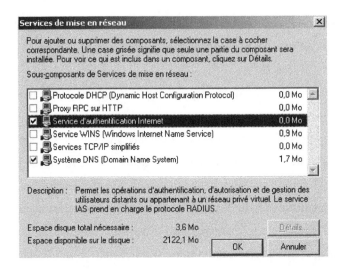

Figure II.24Installation d'un service d'authentification Internet

6. Serveur IIS

6.1. Notion du serveur IIS

Les services Internet IIS 6.0 (Internet Information Service) et la famille Microsoft
Windows Server 2003 offrent des fonctionnalités de serveur Web intégrées, fiables,
évolutives, sécurisées et gérables que ce soit sur un intranet, Internet ou un extranet.

IIS est un outil de création de plate-forme de communication renforcée constituée
d'applications réseau dynamiques. Les organisations de toute taille utilisent IIS pour
héberger et gérer des pages Web sur Internet ou sur leur intranet, pour héberger et
gérer des sites FTP ainsi que pour router des News ou du courrier à l'aide des
protocoles NNTP (Network News Transport Protocol) et SMTP (Simple Mail
Transfer Protocol). IIS 6.0 tire parti des normes Web les plus récentes telles que
Microsoft ASP.NET, XML et le protocole SOAP (Simple Object Access Protocol)
pour le développement, l'implémentation et la gestion d'applications Web.

6.2. Installation du serveur IIS

Afin de réussir l'installation des services Internet (IIS) à l'aide de l'**Assistant Configurer votre serveur**, nous escortons attentivement le chemin suivant :

Démarrer→ Configurer votre serveur→Gérer les rôles de votre serveur→Ajouter ou supprimer un rôle → l'Assistant Configurer votre serveur→Serveur d'applications (IIS, ASP.NET)

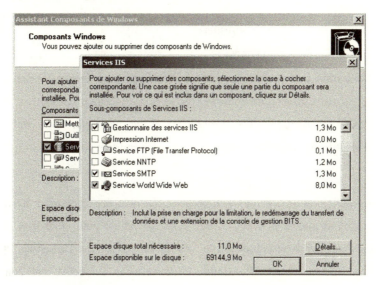

Figure II.25 Assistant Composants de Windows

Après une installation édifiant Les services Internet (IIS) installent ces répertoires qui comportent du contenu utilisateur et qui ne peuvent pas être déplacés:

- \InetPub
- racine_système\Help\IISHelp
- racine_système\System32\InetSrv
- racine_système\System32\InetSrv\MetaBack

6.3. Configuration des services Internet IIS

6.3.1. Installation d'un site web

- Définition de répertoires de base : D : \Inetpub\Wwwroot
- Configuration de documents par défaut : notre document par défaut est une page d'index qui nous le créons dans un répertoire virtuel sur le site Web approprié.
- Utilisation de répertoires virtuels
- Résolution de nom de domaine :
- Utilisation des extensions serveur FrontPage pour étendre les sites Web : L'extension de serveurs virtuels avec FPSE permet au propriétaire d'un site de créer ce dernier dans FrontPage et de déléguer des informations d'identification administratives ainsi que la propriété du site.

6.3.2. Configuration d'un serveur SMTP et POP3

Le service POP3 est un service de messagerie qui récupère le courrier électronique. Les   administrateurs peuvent utiliser le service POP3 pour stocker et gérer des comptes de courrier électronique sur le serveur de messagerie. Le service POP3 est utilisé avec le service SMTP (Simple Mail Transfer Protocol), qui contrôle le transport du courrier électronique puis sa distribution sur Internet au serveur de destination.

Afin de profiter des fonctionnalités du serveur Mail, il faut tout d'abord l'installer, avant de le paramétrer.

L'installation consiste à rajouter le Services de messagerie électronique dans **Panneau de configuration →Ajout/suppression de programmes→Ajout ou supprimer des composants Windows**.

Un autre chemin peut nous servir à installer les serveurs SMTP et POP3 avec l'avantage de d'intégration dans le domaine SECURITY.ISA.

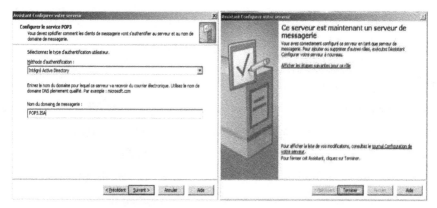

Figure II.26 Assistant configurer votre serveur : POP3 et SMTP

6.3.3. Sécurisation du serveur IIS

IIS 6.0 offre un niveau de sécurité nettement supérieur. Pour réduire la surface d'attaque des systèmes, nous n'installons pas IIS par défaut sur SECURITY.ISA.

Par contre et en utilisant le nœud Extensions du service Web, l'administrateur de site Web peut activer ou désactiver des fonctionnalités d'IIS sur base des besoins propres à MIS.

IIS 6.0 renferme une série de fonctionnalités de sécurité et de technologies qui garantissent l'intégrité du contenu de nos sites Web et FTP, ainsi que des données transmises par leur intermédiaire. Les fonctions de sécurité IIS incluent les tâches suivantes, liées à la sécurité :

- l'authentification .
- le contrôle d'accès .
- le cryptage .
- l'audit.

7.   Serveur FTP

7.1. Notion de serveur FTP

Maintenant que les services IIS assurent ses fonctionnalités principaux, notamment la mise en place d'un site web orienté vers les clients de la société **MIS** ainsi que les services de messagerie, nous avons recommandé d'améliorer la performance de notre réseau avec le service d'échange de fichier FTP (File Transfert Protocole) qui dépose des fichiers sur une machine distante, mais aussi, et c'est le plus fréquent de télécharger des fichiers sur chaque machine. La distribution de logiciels gratuits, la diffusion d'images, de sons ou d'articles scientifiques sont parmi les utilisations les plus courantes de ce service.

7.2. Installation de serveur FTP

Avant d'installer une version de serveur FTP nous devons étudier attentivement ses propriétés et sa compatibilité avec l'environnement de travail, ce qui nous garantie une fiabilité comme il empêche tout type de risque d'encombrement.

- La version de serveur proposée **serv_u_ftp_**server_7_4_0_1, Taille 6,47 Mo.

- La version client proposé **coreftplite,** Taille 3,33 Mo.

Dans une étape avancée de l'installation d'un serveur FTP, nous créons un domaine défini par une adresse IP statique 192.168.1.238 et un nom PFTP, seul l'administrateur de se domaine qui gère les ressources critique (Utilisateur, base de donné, etc. ...).

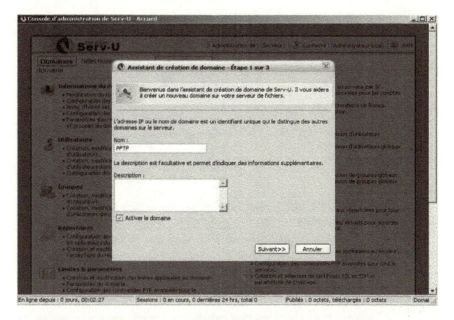

Figure II.27L'interface de console d'administration de serv-U

7.3. Configuration de serveur FTP

A présent, le domaine PFTP de service d'échange de ficher nous permet d'ouvrir et de gérer des sessions autorisés ce qui le montre les figure II.23 et figure II.24.

➢ L'ouverture d'une session Client avec les paramètres suivant:

- Nom de domaine server .PFTP.
- L'adresse IP de serveur 192.168.7.54.
- Port: 21.

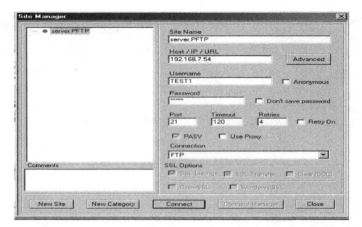

Figure II.28L'interface Site Manager de coreftp-lite.

> Echange de fichier après un succès d'ouverture de session TEST1.

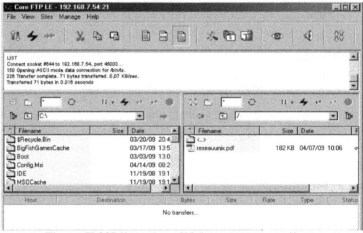

Figure II.29L'interface d'échange pour un client.

8. Microsoft Management Console

Après certain test de validation, nous pouvons affirmer que le domaine SECURITY.ISA est correctement configuré ce qui nous donne confiance d'attribuer une console Microsoft Management Console (MMC) pour héberger des outils d'administration qui permettent de gérer des réseaux, des ordinateurs, des services et d'autres composants système.

8.1.   Les outils d'administrations de MMC

➢ **Limite d'accès physique aux ordinateurs, en particulier les contrôleurs de domaine, aux personnes dignes de confiance**

- L'accès physique à un serveur constitue un risque important du point de vue de la sécurité. Si un intrus accède physiquement à un serveur, il risque d'accéder à des données ou de les modifier sans autorisation, ou d'installer du matériel ou des logiciels conçus pour outrepasser les paramètres de sécurité.

- Pour conserver un environnement sécurisé, nous limitons l'accès physique à tous les serveurs et à tout le matériel réseau.

➢ **Utilisation de principe du moindre privilège Pour les tâches administratives**

- Avec le principe du moindre privilège, les administrateurs doivent utiliser un compte avec des autorisations limitées pour exécuter des tâches courantes, non administratives, et utiliser un compte avec des autorisations plus étendues uniquement lors de l'exécution de tâches d'administration spécifiques.

- Pour effectuer cette action sans fermer la session et en rouvrir une autre, nous ouvrons une session avec un compte d'utilisateur normal et utilisez la commande **Runas** pour exécuter les outils qui nécessitent des autorisations plus étendues.

➢ **Sécurisez les données des ordinateurs**

- Vérifiez que les fichiers système et le Registre sont protégés par des listes de contrôle d'accès renforcé.

- Utilisez **Syskey** pour renforcer la protection du Gestionnaire de comptes de sécurité (SAM, Security Account Manager), en particulier en ce qui concerne les contrôleurs de domaine.

➢ **Utilisez des mots de passe forts dans toute notre organisation**

- La plupart des méthodes d'authentification impliquent que l'utilisateur utilise un mot de passe afin de s'identifier. Ces mots de passe sont normalement choisis par l'utilisateur, qui favorisera les mots de passe simples, faciles à retenir. Dans la plupart des cas, ces mots de passe sont fragiles. Les intrus les devinent ou les trouvent sans difficulté. Les mots de passe fragiles peuvent outrepasser l'élément de sécurité et devenir le point faible d'un environnement qui sans cela serait fort. Les mots de passe forts posent plus de problèmes aux intrus et participent par conséquent à une défense efficace des ressources de votre organisation.

➢ **Interdiction des téléchargements et des exécutions de programmes émanant de sources non approuvées**

- Les programmes sont susceptibles de comporter des instructions visant à enfreindre la sécurité de plusieurs manières, notamment le vol de données, le refus de service et la destruction de données. Ces programmes malveillants se font souvent passer pour des logiciels authentiques et peuvent être difficiles à identifier. Pour éviter ces programmes, ne téléchargez et n'exécutez que les logiciels dont l'authenticité est garantie, obtenue auprès d'une source approuvée. Installez un programme de détection de virus à jour, et assurez-vous de son bon fonctionnement, au cas où ce type de logiciel apparaîtrait malencontreusement sur votre ordinateur.

➢ **Mettez à jour les programmes de détection de virus**

- Les programmes de détection de virus identifient souvent les fichiers infectés en recherchant une signature. Cette dernière, composant du virus, peut être reconnue lorsque le virus a déjà été identifié. Les programmes de détection de virus conservent ces signatures dans un fichier de signatures de virus, généralement enregistré sur le disque dur local. La découverte de nouveaux virus est fréquente. Ce fichier doit par conséquent être souvent mis à jour, afin que le programme de détection de virus puisse facilement identifier les virus les plus récents.

➤ Mise à jour des correctifs logiciels

- Les correctifs logiciels apportent des solutions aux problèmes de sécurité connus. Il est conseillé de Consulter régulièrement les sites Web des fournisseurs de logiciels afin de vérifier la disponibilité de nouveaux correctifs destinés aux logiciels utilisés par votre organisation.

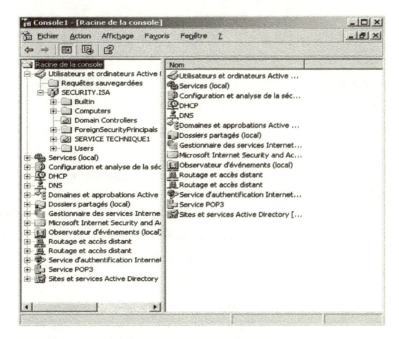

Figure II.30 La console d'administration.

8.2. Méthodes conseillées pour les modèles de sécurité

➤ Utilisation correct des modèles

- N'appliquez pas à votre ordinateur ou à votre réseau des modèles de sécurité prédéfinis ou récemment créés sans les tester pour vous assurer qu'ils conservent le niveau de fonctionnalités d'application approprié.

- Ne modifiez jamais le modèle Setup security.inf, car il permet de réappliquer les paramètres de sécurité par défaut. Si jamais vous supprimez un modèle de sécurité d'un objet Stratégie de groupe, réappliquez le fichier security.inf du programme d'installation de façon appropriée pour restaurer tous les paramètres par défaut.

- N'appliquez pas le modèle security.inf pour le programme d'installation à la Stratégie de groupe. Vous ne devez l'appliquer qu'à l'ordinateur local via la commande Secedit ou le composant Configuration et analyse de la sécurité. Il est préférable de l'appliquer en partie à l'aide de l'outil de ligne de commande Secedit.

- N'appliquez pas le modèle Compatible aux contrôleurs de domaine. Par exemple, n'importez pas le modèle Compatible vers l'objet Stratégie de groupe du domaine par défaut ou Stratégie de groupe du contrôleur de domaine par défaut.

➢ **Un prudemment demandé dans un cas de modification des modèles prédéfinis.**

- Au lieu de modifier un modèle prédéfini, personnalisez, puis enregistrez les modifications sous un autre nom de modèle. Étant donné que ces modèles ont été conçus pour répondre à des besoins spécifiques, le fait de posséder le modèle d'origine nous permettra toujours de l'utiliser.

➢ **Effectuez le niveau par défaut d'accès à l'ordinateur approprié.**

- Pour déterminer le niveau par défaut d'accès à l'ordinateur dont bénéficieront les utilisateurs, vous devez prendre en compte la base d'applications installées qui doit être prise en charge. Si les utilisateurs utilisent uniquement des applications appartenant au programme Logo Windows pour logiciels, vous pouvez faire de tous les utilisateurs finaux des membres du groupe Utilisateurs. Sinon, vous aurez peut-être à faire de vos utilisateurs finaux des membres du groupe des utilisateurs avec pouvoir de sorte qu'ils aient les privilèges appropriés pour utiliser l'application, cette solution étant moins sûre.

Conclusion

La création d'un domaine permet d'encapsuler tout les ressources critiques des services logistique et technique de la société **MIS**.

Une fois cette étape est réalisée, l'administrateur du domaine peut examiner son réseau en l'administrant d'un point central. De plus, il est optimisé de bénéficier de l'utilisation des nouvelles technologies tel que le service de messagerie électronique **SMTP** et **POP3** qui permettent aux employés de dialoguer et d'échanger les données en accédant à leurs boites aux lettres afin de récupérer leurs courriers électroniques sur le contrôle de l'administrateur de l'entreprise.

Chapitre III :   ISA Server 2004

Introduction

La sécurité généralement connue par le changement de mot de passe, la garder en secret mais cette politique n'est plus efficace, donc il faut avoir une politique officielle correspondante à la réalité. Alors pour la sécurisation de notre domaine SECURITY.ISA, l'environnement Microsoft, nous offre la clef de la politique de sécurité ISA Server 2004 (**Internet Security & Accélération Server 2004), que** nous allons l'appliquer au sein du système d'information de la société **MIS**.

1.   L'utilité d'ISA Server 2004

L'ISA Server est un firewall applicatif qui encapsule notre réseau contre les intrus et les attaques externes en appliquant des politiques de sécurité au bout de réaliser :

- Une augmentation de niveau de sécurité par défaut pour les applications.
- Une maintenance et un déploiement facilité les mises à jour.
- Un meilleur niveau de sécurité dans le développement.
- Une meilleure sensibilisation des utilisateurs et notamment du grand public sur le   problème de la sécurité via un site web dédié.

Comme il est un firewall avantageux de protection efficace, l'ISA server est également un **serveur de Proxy** ainsi qu'un **serveur VPN**.

2.   Installation d'ISA Server 2004

Après l'insertion de CD-ROM ISA Server 2004, une fenêtre nous invite à démarrer l'installation.

Pour poursuivre une installation conforme à nos besoins de sécurité, nous sommes orientés vers une installation personnalisée (Custum) qui se base sur les quatre composants suivants :

- **Service de pare-feu** qui installe les services indispensables pour filtrer les données transitant à travers le serveur ISA.

- **gestionnaire ISA Server** qui installe la console de gestion pour paramétrer le serveur ISA.

- **partage de l'installation du client pare-feu** qui crée un partage réseau qui contient les fichiers d'installation de la nouvelle version du client pare-feu.

- **Filtreur de messages** : ce composant permet de filtrer le contenu du trafic SMTP

  entrant sur le serveur ISA.

Après la saisie de la table d'adresse locale, nous autorisons les ordinateurs exécutant l'ancienne version du client pare-feu à se connecter au serveur ISA avec une résolution performante de la migration qui désigne une récupération des services de routage et d'accès distant.

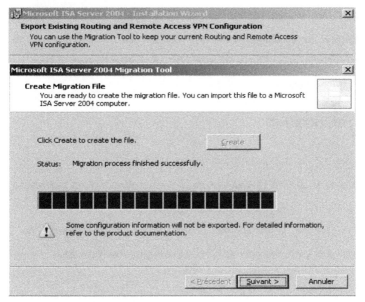

Figure III.1La résolution du problème de la migration

Maintenant que notre firewall est mise en place et fonctionne sans imposer des problèmes

Dans l'environnement, quatre nouveaux services sont à la disposition de l'administrateur :

- **Contrôle de Microsoft ISA Server** : ce service est le service principal d'ISA 2004. Il se révèle très utile pour arrêter/démarrer le service pare-feu et le service Planificateur de tâches Microsoft ISA Server en une seule opération.
- **Pare-feu Microsoft** : ce service est le plus important puisqu'il gère toutes les connexions faites au serveur, les règles du pare-feu, les règles de mise en cache, et s'il n'est pas démarré, aucune des fonctionnalités du serveur n'est assurée.
- **Planificateur de tâches Microsoft ISA Server** : ce service permet de planifier des rapports sur l'activité du serveur.
- **Espace de stockage Microsoft ISA Server** : ce service gère notamment le système de surveillance intégré à ISA Server et l'espace mémoire nécessaire à la mise en cache.

3. Configuration

3.1   La console de Gestion ISA

La console de gestion d'ISA server nous permet de configurer le réseau, le service cache et des autres options de protection plus fines.

En première étape, nous devons mettre en place la topologie de firewall en descendant dans l'arborescence SERVER.configuration.Networks.

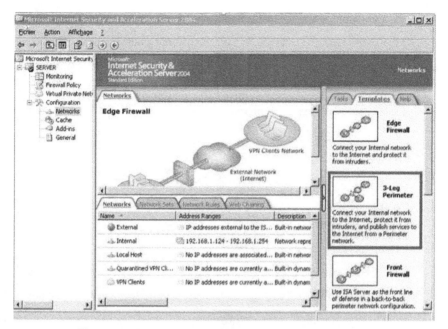

Figure III.2La console de l'administration de l'ISA.

3.2 Les topologies réseau proposées

L'une des principales améliorations au niveau de l'interface concerne **la configuration du NAT et/ou routage entre les différents réseaux connectés au serveur ISA**. En effet, un assistant très efficace est désormais disponible pour mettre en place sans efforts administratifs les topologies réseau classiquement utilisées sur un firewall. Nous lançons l'assistant et en trois clics de souris, les règles qui permettent la communication entre les deux réseaux reliés au serveur sont automatiquement paramétrées. Cinq configurations sont prédéfinies.

➢ **Firewall de périmètre**

Dans cette configuration, le serveur ISA est un hôte bastion, soit disant un firewall interconnectant un réseau privé à un réseau public. C'est le scénario classique en entreprise lorsque nous souhaitons filtrer l'accès à Internet.

➤ **Firewall avant**

Dans ce scénario, le serveur ISA est configuré pour être le premier firewall d'un réseau équipé de deux firewall mis dos-à-dos. Le serveur ISA est l'ordinateur qui filtre les informations circulant entre le réseau périphérique (DMZ) et le réseau public (Internet).

➤ **Firewall arrière**

Il a la même architecture que celui de firewall avant mais le serveur ISA est configuré pour être le second firewall. Le serveur ISA est l'ordinateur qui filtre les informations circulant entre le réseau interne de l'Entreprise et le réseau Périphérique (DMZ).

➤ **Carte réseau unique**

Dans cette configuration, ISA Server 2004 est paramétré pour assurer uniquement la fonction de mise en cache (serveur de Proxy). Il fonctionne sur le même réseau que le réseau interne et ne peut faire ni routage, ni serveur VPN, ni firewall.

➤ **Périmètre en trois parties**

Le serveur ISA possède trois interfaces chacune connectée à un sous réseau ou à un réseau différent :

- la première est connectée au réseau interne de l'entreprise.

- la seconde à un réseau périphérique encore appelé zone démilitarisée ou DMZ (DeMilitarized Zone)

- la dernière à un réseau public comme Internet.

C'est pour cette raison nous avons choisi cette configuration qui nous permet d'être connectés à trois types de réseaux différents.

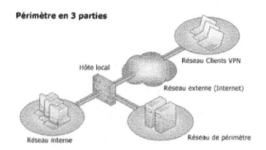

Périmètre en 3 parties

Hôte local

Réseau Clients VPN

Réseau externe (Internet)

Réseau interne

Réseau de périmètre

Figure III.3L'emplacement de l'ISA dans le réseau.

3.3   Configuration des tâches

La possibilité de pouvoir importer/exporter une configuration est d'ailleurs disponible pour tous les types de paramètres du serveur comme l'ensemble de réseaux, règles de réseaux, règles de chaînage web, stratégies de pare-feu, configuration des clients VPN, règles de cache, filtres, etc.

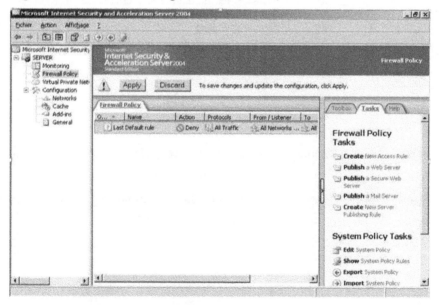

Figure III.4 l'interface des tâches sur la console de l'ISA.

> **Chaînage web**

Le chaînage consiste à raccorder plusieurs serveurs ISA entres eux afin **d'optimiser au maximum l'utilisation de la bande passante réseau**. Cette fonctionnalité peut se révéler très utile dans la publication de site de la société MIS que nous avons hébergé à l'aide de service IIS.

L'ISA Server 2004 permet de définir Les règles de chaînage web d'une disposition très flexible afin d'optimiser au maximum les performances de la navigation et la charge réseau.

Il nous permet de rediriger les requêtes à destination d'une URL ou d'un ensemble d'URL donné vers un serveur de Proxy spécifique.

> **Le chaînage de pare-feu** s'applique uniquement aux clients SecureNAT et aux clients firewall, il redirige les demandes des clients SecureNAT et des clients pare-feu vers **la connexion Internet locale ou vers un autre serveur ISA situé en amont**. Il n'est pas possible de définir de règles précises en ce qui concerne le chaînage de firewall.

3.4 Configuration de la boite à outils

Un certain nombre d'éléments existent par défaut ce qui nous évite de devoir tous les redéfinir, mais selon notre besoin, nous créons puis nous visionnons les éléments de stratégie dans l'ongle **boîte à outils** située dans le menu qui s'affiche si nous sélectionnons **stratégie de pare-feu** dans l'arborescence.

Figure III.5Notre boite à outils

A ce niveau, nous avons l'autorisation d'utiliser ces **éléments de stratégie pour** simplifier et de structurer la création des règles d'accès pour l'ISA server.

➢ **Protocole**

Par défaut **le nombre de protocoles préfinis est impressionnant**. Ils sont classés par groupe ce qui facilite grandement les recherches. Cette classification se révèle très utile à l'usage. En effet, cela évite de devoir faire des recherches sur Internet lorsque nous ne connaissons pas le numéro de port et/ou les plages de ports utilisées par une application donnée. Nous pouvons citer quelques dossiers intéressants :

- **VPN** et **IPSec** qui permet d'autoriser l'accès VPN.
- **Terminal distant** donne accès aux principaux protocoles d'administration à distance.
- **Messagerie instantanée** qui permet d'autoriser ou d'interdire rapidement l'accès aux principales applications.

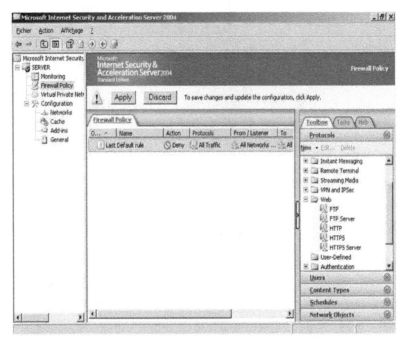

Figure III.6Application des règles d'accès des protocoles.

➤ **Utilisateurs (user)**

L'onglet **Utilisateurs** permet de créer des groupes d'utilisateurs qui seront utiles lors de la création des règles du pare-feu. La grande nouveauté à ce niveau est la gestion des comptes contenus sur les serveurs **RADIUS** ou sur les serveurs gérant l'authentification via le protocole **SecureID** en plus des comptes de domaine Active Directory.

➤ **Types de continues (content types)**

Un certain nombre de types de contenus existe par défaut, ce qui permet de simplifier la création de règles sur les contenus. Nous pouvons citer documents **web, images, audio** ou bien encore **vidéo**. Les éléments de stratégie **Types de contenus** se révèlent très utiles pour permettre à des utilisateurs de surfer tout en les empêchant de télécharger certains fichiers (comme les vidéos par exemple).

> **Planification (Schedule)**

Les deux planifications types présentes par défaut sont simplistes et **devront être retouchées** afin de correspondre aux horaires de notre entreprise. Nous ne devons pas hésiter ici à créer **plusieurs autres planifications** comme **pause** ou **repas** qui permettront de paramétrer des règles d'accès spécifiques à certains moments de la journée.

> **Objets de réseaux (Network Object)**

Les objets réseaux sont très importants pour le paramétrage des différentes règles du serveur ISA. Les ensembles de réseaux et les réseaux sont crées automatiquement lors de la sélection d'un modèle réseau. Par exemple pour notre modèle firewall de périmètre les réseaux Interne, Externe, Clients VPN et Clients VPN en quarantaine seront ajoutés. Le réseau hôte local est toujours présent, il représente le serveur ISA.

Le "réseau" **clients VPN en quarantaine** contient l'ensemble des clients VPN dont la connexion a été refusée car leurs niveaux de sécurité n'étaient pas satisfaisant. Cette mise en quarantaine des clients "non sécurisés" est une nouveauté de la version 2004 d'ISA server.

3.5 Configuration des règles d'accès appliquées dans notre entreprise

3.6.1 Autoriser l'accès à Internet pour les clients du réseau interne

Nous avons créé **une règle autorisant l'accès à Internet** pour tous les clients firewall du réseau interne via le port utilisé par MSN Messenger pour la connexion et l'échange de messages.

Après avoir donné le nom explicite à notre règle (**Autoriser l'accès à Internet pour les clients du réseau interne**), nous sélectionnons l'action à effectuer (**autoriser**). Nous

spécifions le réseau source et le réseau de destination. Dans notre exemple, le réseau source correspond à **Interne** (le réseau local qu'on a créé) et le réseau de destination correspond à **Externe** (Internet).

Puis nous finissons par la sélection des **ensembles d'utilisateurs** pour lesquels la règle entrera en action. Pour notre cas, le groupe nommé **Tous les utilisateurs authentifiés** est retenu. Cependant, tous les groupes de sécurité définis dans le service d'annuaire Active Directory peuvent être utilisés pour créer une règle plus fine.

3.6.2 Interdire complètement l'accès à MSN Messenger

MSN Messenger est une **application de messagerie instantanée** permettant d'accroître grandement la productivité des utilisateurs (chat, vidéoconférence, échange de fichiers aisé,...). Cependant l'utilisation de ce logiciel en entreprise peut entraîner quelques dérives... Si nous souhaitons empêcher certains utilisateurs de l'utiliser, plusieurs solutions sont envisageables :

- **créer de règle d'accès** interdisant la communication avec le serveur messenger.hotmail.com
- **configurer les clients pare-feu** pour empêcher MSN Messenger d'accéder au réseau
- **configurer le filtre HTTP** pour bloquer l'application MSN Messenger en analysant le paramètre adéquat

Une fois le logiciel MSN Messenger est bloqué, **les utilisateurs peuvent toujours accéder à ce service par le biais de sa version web**. Il peut donc s'avérer utile de bloquer l'accès à cette URL en complément de la désactivation de l'application. Pour cela nous avons **créé** une règle interdisant le trafic entre le réseau interne et le domaine webmessenger.hotmail.com sur le port 80 en TCP.

3.6   Ordre d'application des règles

Chaque règle possède un numéro et lorsqu'une requête arrive au serveur, c'est la règle qui a le numéro le plus faible qui s'applique. Ce système a le mérite d'être beaucoup plus simple à comprendre que l'ancien et il est d'ailleurs repris en ce qui concerne l'ensemble des règles que nous pouvons créer avec ISA Server 2004 comme les règles de translation d'adresse et de routage, règles de pare-feu, règles de cache, etc.

Nous notons la présence d'une règle spécifique ne portant pas de numéro et notée : «Dernier». Cette règle bloque tous les protocoles de toutes les sources vers toutes les destinations. Elle est toujours située à la fin et possède donc la priorité la plus basse.

Conclusion

Dans ce dernier chapitre nous avons appliqué certain nombre de règles de l'ISA Server 2004 autant qu'un protocole de sécurité qui assure le contrôle d'accès entre les deux réseaux de service logistique et de service technique en créant des règles d'accès, mais ces règles sont dynamiques et limitées selon les besoins de l'administrateur de la société MIS.

Conclusion Générale

Chaque administrateur réseau a besoin forcément de sécuriser son environnement de travail dans le but d'améliorer les efforts humains et protéger les ressources critiques, ce que nous essayons de fournir dans le système d'information de la société **MIS**, mais à cause de développement expéditif des ressources informatiques et de ses risques les protocoles de sécurité que nous avons appliqué seront moins efficaces par conséquence l'administrateur de la société **MIS** doit mettre à jour ses règles de protection.

Dans ce contexte la veille technologique peut prendre sa valeur et sa nécessité dans le système de sécurité informatique au sein de la société MIS.

La Webographie

1- http://www.Labo-Microsoft.com/Acceuil/Articles/Serveurs

2- http://www.Labo-Microsoft.com/Acceuil/Articles/Systems

3- http://www.isc.org

4- http://www.scribd.com/doc/2969766/Administration-dun-reseau-informatique-fr

5- http://www.CommentcaMarche.com

6- http://www.Wikipédia.fr